Impressum
Verlag: BABADADA GmbH, Nedderfeld 112 , 22529 Hamburg
Geschäftsführer / Verlagsleitung: Harald Hof
Druck: Books on Demand GmbH, In de Tarpen 42, 22848 Norderstedt

Imprint
Publisher: BABADADA GmbH, Nedderfeld 112 , 22529 Hamburg, Germany
Managing Director / Publishing direction: Harald Hof
Print: Books on Demand GmbH, In de Tarpen 42, 22848 Norderstedt, Germany

学校
kool

教室
klassiruum

割り算
jagama

186/2

黒板
tahvel

校庭
koolihoov

教師
õpetaja

紙
paber

書く
kirjutama

ペン
pastapliiats

事務机
kirjutuslaud

定規
joonlaud

本
raamat

生徒
õpilane

ランドセル

koolikott

筆入れ

pinal

鉛筆

harilik pliiats

鉛筆削り

pliiatsiteritaja

消しゴム

kustukumm

スケッチブック

joonistusplokk

スケッチ
joonistus

絵筆
pintsel

絵の具箱
värvikarp

はさみ
käärid

接着剤
liim

練習帳
töövihik

宿題
kodutöö

数
number

足し算
liitma

引き算
lahutama

かけ算
korrutama

計算する
arvutama

文字
täht

ABCDEFG
HIJKLMN
OPQRSTU
VWXYZ

アルファベット
tähestik

hello

単語
sõna

テキスト

tekst

読む

lugema

チョーク

kriit

授業

koolitund

学級日誌

klassipäevik

試験

eksam

通知表

tunnistus

制服

koolivorm

教育

haridus

百科事典

entsüklopeedia

大学

ülikool

顕微鏡

mikroskoop

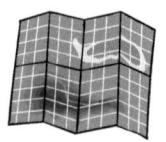

地図

kaart

ごみ箱

paberikorv

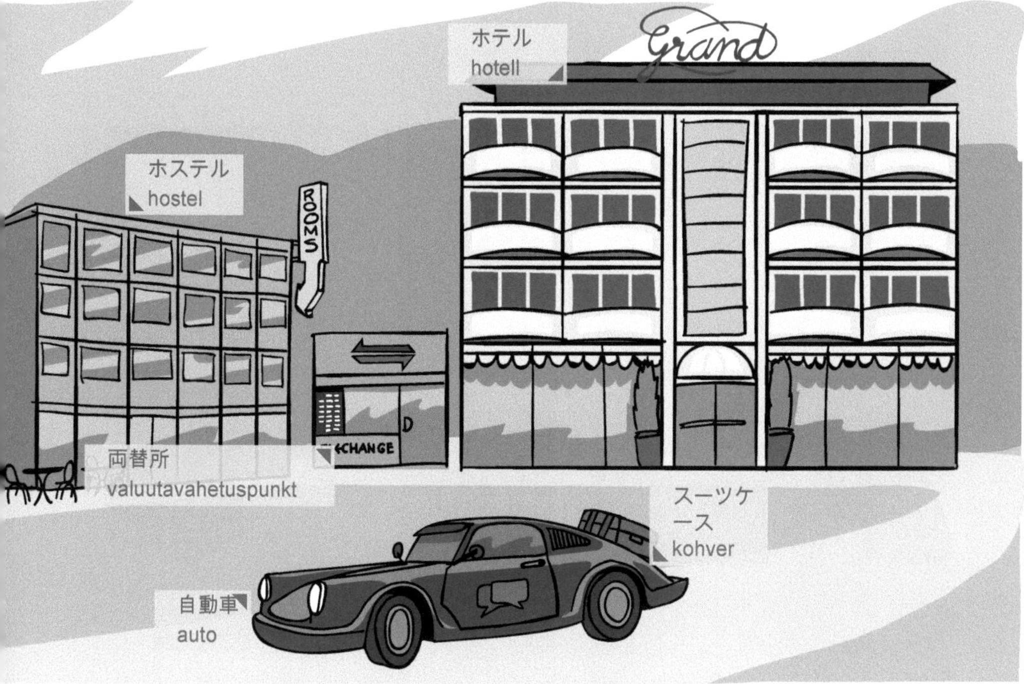

ホテル
hotell
Grand
ホステル
hostel
ROOMS
両替所
valuutavahetuspunkt
EXCHANGE
スーツケース
kohver
自動車
auto

言語

keel

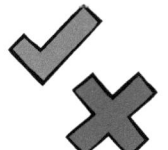

はい / いいえ

jah / ei

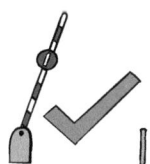

問題ない

okei

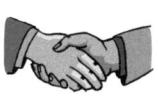

ハロー

Tere!

翻訳者

tõlk

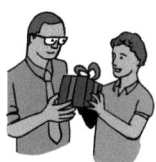

ありがとう

Aitäh!

…はいくらですか？

Kui palju maksab …?

わかりません

Ma ei saa aru

問題

probleem

こんばんは！

Tere õhtust!

おはようございます！

Tere hommikust!

おやすみなさい！

Head ööd!

さようなら

Head aega!

方向

suund

手荷物

pagas

バッグ

kott

リュックサック

seljakott

お客様

külaline

部屋

tuba

寝袋

magamiskott

テント

telk

旅行者情報

turismiinfo

ビーチ

rand

クレジットカード

krediitkaart

朝食

hommikusöök

昼食

lõunasöök

夕食

õhtusöök

チケット

pilet

エレベーター

lift

スタンプ

postmark

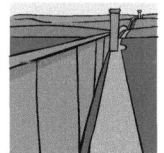

境界

riigipiir

税関

toll

大使館

saatkond

ビザ

viisa

パスポート

pass

輸送

transport

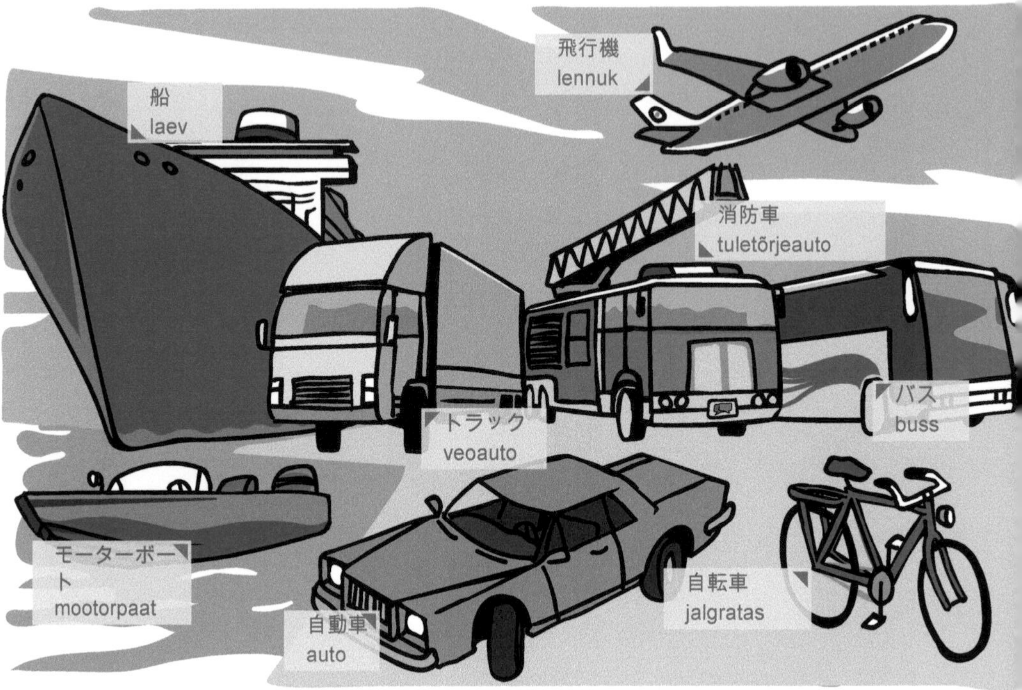
飛行機
lennuk
船
laev
消防車
tuletõrjeauto
バス
buss
トラック
veoauto
モーターボート
mootorpaat
自転車
jalgratas
自動車
auto

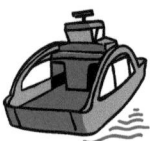

フェリー

praam

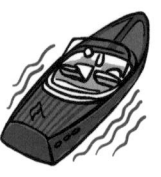

ボート

paat

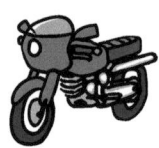

バイク

mootorratas

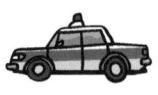

パトカー

politseiauto

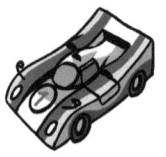

レーシングカー

võidusõiduauto

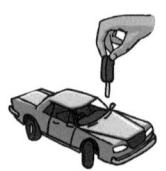

レンタカー

rendiauto

カーシェアリング

ühisauto

レッカー車

puksiirauto

ごみ収集車

prügiauto

モーター

mootor

燃料

kütus

ガソリンスタンド

tankla

交通標識

liiklusmärk

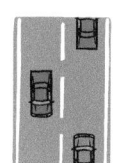

交通

liiklus

渋滞

liiklusummik

駐車場

parkla

駅

raudteejaam

道

rööpad

列車

rong

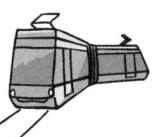

路面電車

tramm

車両

vagun

ヘリコプター

helikopter

空港

lennujaam

タワー

torn

乗客

reisija

コンテナ

konteiner

段ボール箱

pappkast

カート

käru

カゴ

korv

離陸 / 着陸

õhku tõusma / maanduma

都市
linn

村

küla

都心

kesklinn

家

maja

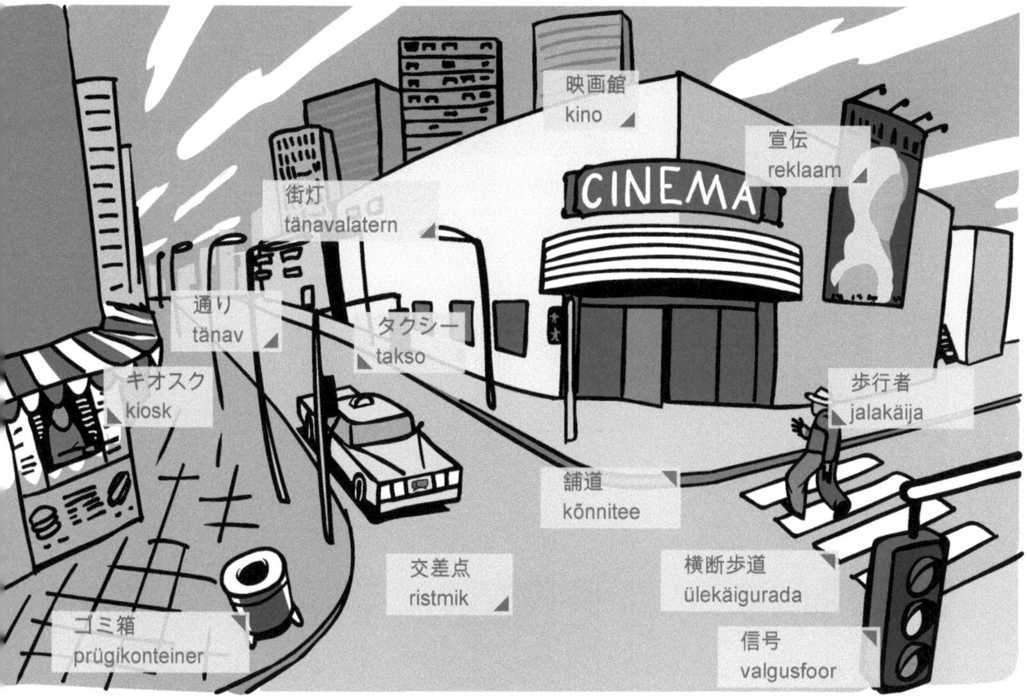

映画館
kino

宣伝
reklaam

街灯
tänavalatern

通り
tänav

タクシー
takso

キオスク
kiosk

歩行者
jalakäija

舗道
kõnnitee

交差点
ristmik

横断歩道
ülekäigurada

ゴミ箱
prügikonteiner

信号
valgusfoor

CINEMA

小屋
osmik

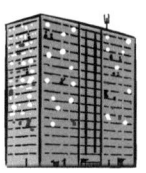

アパート
kortermaja

駅
raudteejaam

市役所
raekoda

美術館
muuseum

学校
kool

大学
ülikool

銀行
pank

病院
haigla

ホテル
hotell

薬局
apteek

オフィス
kontor

書店
raamatupood

ショップ
kauplus

花屋
lillepood

スーパーマーケット
supermarket

市場
turg

デパート
kaubamaja

魚屋
kalapood

ショッピングセンター
kaubanduskeskus

港
sadam

公園
park

ベンチ
pink

橋
sild

階段
trepp

地下鉄
metroo

トンネル
tunnel

バス停
bussipeatus

バー
baar

レストラン
restoran

ポスト
postkast

道路標識
tänavasilt

パーキングメーター
parkimisautomaat

動物園
loomaaed

スイミングプール
ujula

モスク
mošee

農場

talu

汚染

reostus

墓地

surnuaed

教会

kirik

遊び場

mänguväljak

寺

tempel

風景
maastik

葉
leht

道標
teeviit

道
tee

草地
aas

石
kivi

木
puu

ハイカー
matkaja

川
jõgi

草
rohi

花
lill

谷
org

山
mägi

湖
järv

森
mets

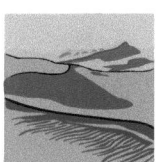

砂漠
kõrb

火山
vulkaan

城
linnus

虹
vikerkaar

キノコ
seen

ヤシの木
palm

蚊
sääsk

ハエ
kärbes

蟻
sipelgas

ミツバチ
mesilane

クモ
ämblik

カブトムシ

mardikas

蛙

konn

リス

orav

ハリネズミ

siil

ウサギ

jänes

フクロウ

öökull

鳥

lind

白鳥

luik

雄豚

metssiga

鹿

hirv

ヘラジカ

põder

ダム

pais

風力タービン

tuuleturbiin

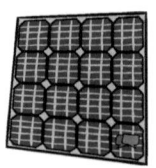

ソーラーパネル

päikesepaneel

気候

kliima

レストラン
restoran

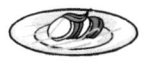

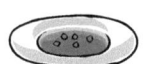

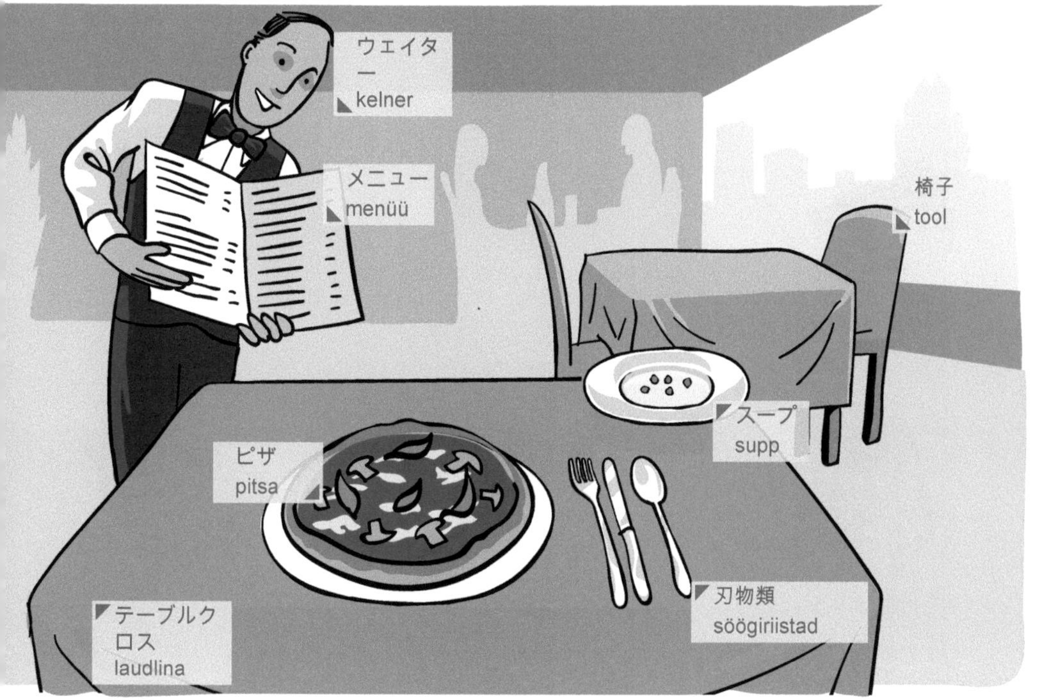
ウェイター
kelner
メニュー
menüü
椅子
tool
スープ
supp
ピザ
pitsa
刃物類
söögiriistad
テーブルクロス
laudlina

前菜

eelroog

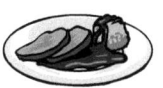

メインコース

pearoog

デザート

magustoit

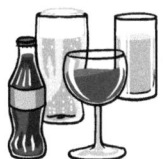

飲み物

joogid

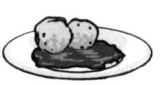

食べ物

toit

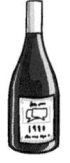

ボトル

pudel

ファストフード
kiirtoit

屋台の食べ物
tänavatoit

ティーポット
teekann

砂糖入れ
suhkrutoos

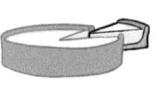

一人前
portsjon

エスプレッソマシン
espressomasin

幼児用食事椅子
lastetool

請求書
arve

トレー
kandik

ナイフ
nuga

フォーク
kahvel

スプーン
lusikas

ティースプーン
teelusikas

ナプキン
salvrätik

グラス
klaas

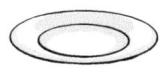

皿
taldrik

スープ皿
supitaldrik

受け皿
alustass

ソース
kaste

塩入れ
soolatoos

ペッパーミル
pipraveski

酢
äädikas

油
õli

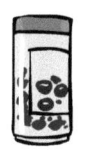

スパイス
vürtsid

ケチャップ
ketšup

マスタード
sinep

マヨネーズ
majonees

スーパーマーケット

supermarket

特価品
eripakkumine
FOR
顧客
klient
乳製品
piimatooted
果物
puuviljad
ショッピング・カート
ostukäru

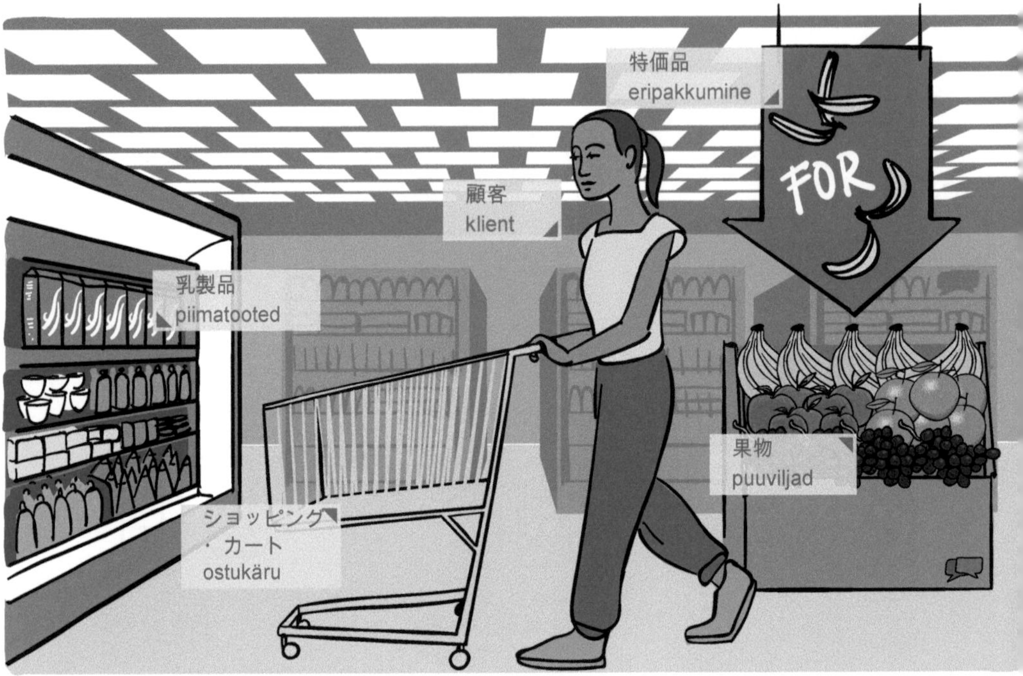

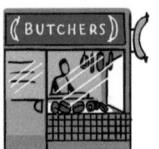

BUTCHERS

肉屋

lihapood

BAKERY

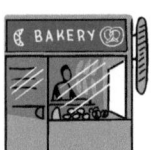

パン屋

pagariäri

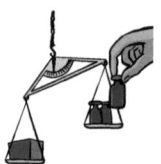

重さをはかる

kaaluma

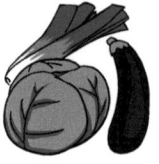

野菜

köögiviljad

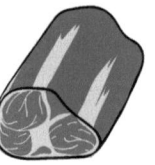

肉

liha

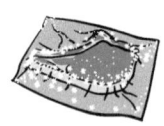

冷凍食品

külmutatud toit

冷肉の薄切り
lihalõigud

缶詰食品
konservid

洗剤
pesupulber

菓子
maiustused

家庭用品
majatarbed

清掃用品
puhastustooted

販売員
müüja

現金箱
kassaaparaat

レジ係
kassapidaja

買い物リスト
ostunimekiri

開館時刻
lahtiolekuajad

財布
rahakott

クレジットカード
krediitkaart

バッグ
kott

ポリ袋
kilekott

スーパーマーケット - supermarket

水

vesi

ジュース

mahl

牛乳

piim

コーラ

koola

ワイン

vein

ビール

õlu

アルコール

alkohol

ココア

kakao

紅茶

tee

コーヒー

kohv

エスプレッソ

espresso

カプチーノ

cappuccino

バナナ

banaan

リンゴ

õun

オレンジ

apelsin

メロン

arbuus

レモン

sidrun

ニンジン

porgand

ニンニク

küüslauk

竹

bambus

玉ねぎ

sibul

キノコ

seen

ナッツ

pähklid

ヌードル

nuudlid

スパゲッティ

spagetid

米

riis

サラダ

salat

フライドポテト

friikartulid

フライドポテト

praekartulid

ピザ

pitsa

ハンバーガー

hamburger

サンドウィッチ

võileib

カツレツ

šnitsel

ハム

sink

サラミ

salaami

ソーセージ

vorst

鶏肉

kana

焼き

praeliha

魚

kala

麦のお粥

kaerahelbed

ムーズリ

müsli

コーンフレーク

maisihelbed

小麦粉

jahu

クロワッサン

sarvesai

ロールパン

kukkel

パン

leib

トースト

röstsai

ビスケット

küpsised

バター

või

カッテージチーズ

kohupiim

ケーキ

kook

卵

muna

目玉焼き

praemuna

チーズ

juust

アイスクリーム

jäätis

砂糖

suhkur

はちみつ

mesi

ジャム

moos

ヌガークリーム

pähklivõie

カレー

karri

農場

talu

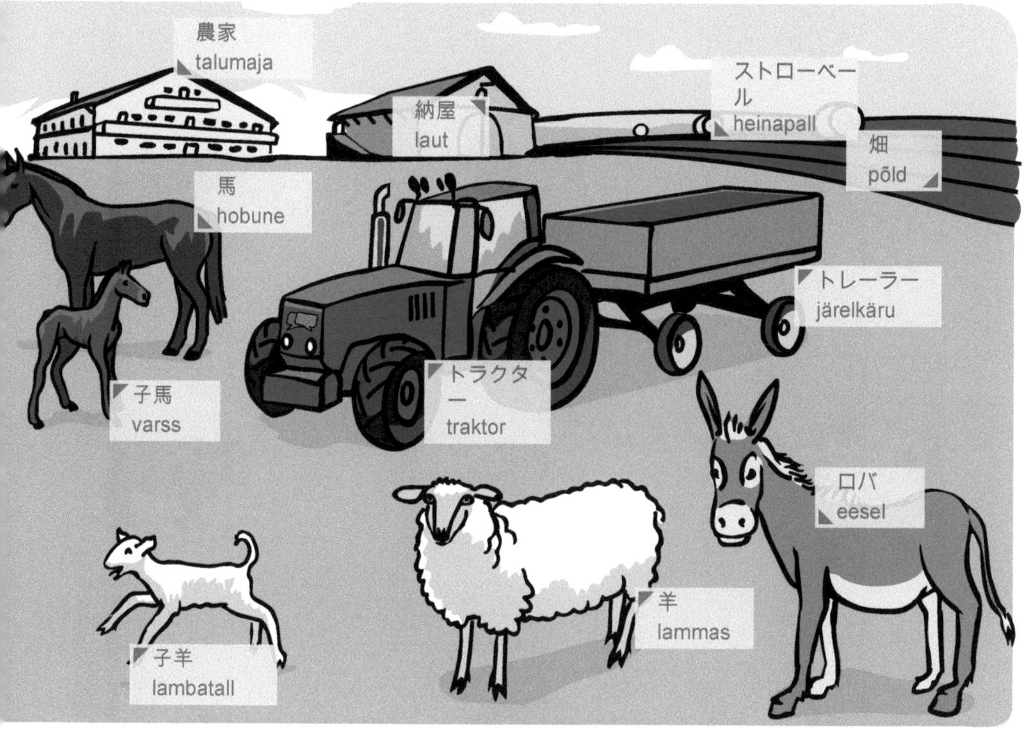

農家
talumaja
納屋
laut
ストローベール
heinapall
畑
põld
馬
hobune
トレーラー
järelkäru
子馬
varss
トラクター
traktor
ロバ
eesel
羊
lammas
子羊
lambatall

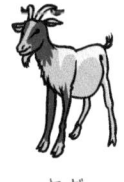

ヤギ

kits

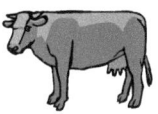

雌牛

lehm

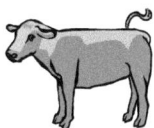

子牛

vasikas

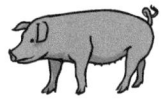

豚

siga

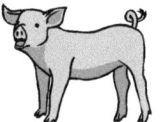

子豚

põrsas

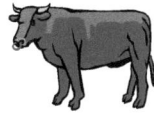

雄牛

pull

ガチョウ

hani

アヒル

part

ひよこ

tibu

にわとり

kana

おんどり

kukk

ネズミ

rott

猫

kass

ねずみ

hiir

雄牛

härg

犬

koer

犬小屋

koerakuut

散水ホース

aiavoolik

じょうろ

kastekann

大鎌

vikat

すき

ader

草刈り鎌

sirp

くわ

kõblas

堆肥用フォーク

hang

斧

kirves

手押し車

käru

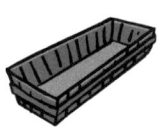

かいばおけ

küna

牛乳缶

piimanõu

袋

kott

フェンス

tara

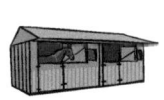

畜舎

tall

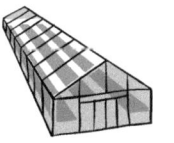

温室

kasvuhoone

土壌

muld

種

seeme

肥料

väetis

コンバイン

kombain

収穫する

saaki koristama

収穫

saagikoristus

ヤマイモ

jamss

小麦

nisu

大豆

soja

じゃがいも

kartul

トウモロコシ

mais

菜種

raps

果樹

viljapuu

キャッサバ

maniokk

穀物

teravili

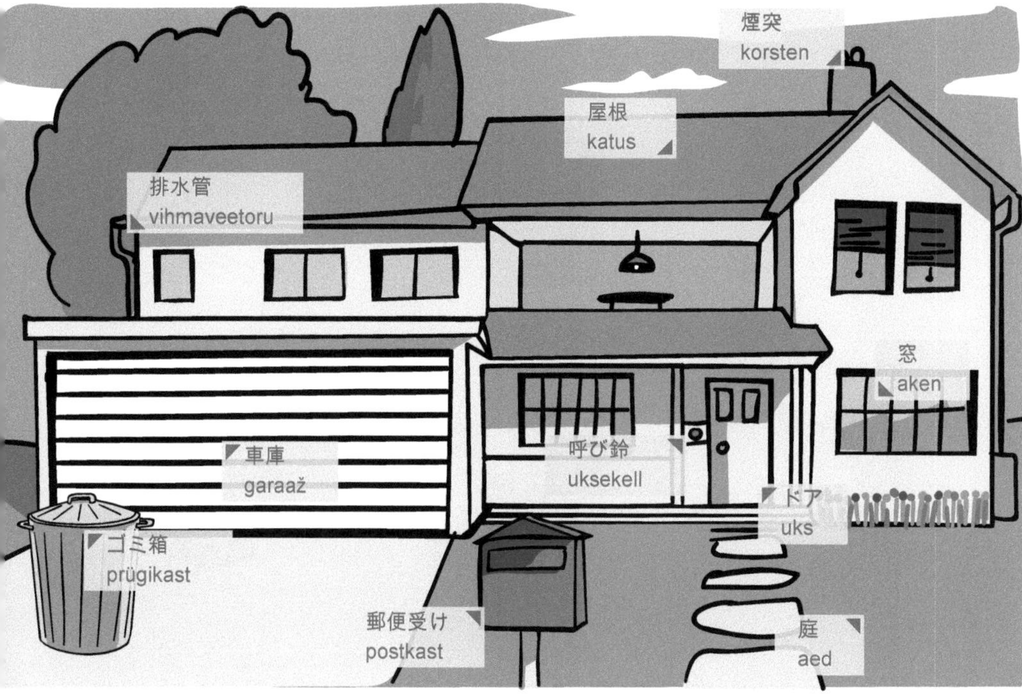

煙突
korsten

屋根
katus

排水管
vihmaveetoru

窓
aken

車庫
garaaž

呼び鈴
uksekell

ドア
uks

ゴミ箱
prügikast

郵便受け
postkast

庭
aed

リビングルーム

elutuba

浴室

vannituba

台所

köök

寝室

magamistuba

子供部屋

lastetuba

ダイニング・ルーム

söögituba

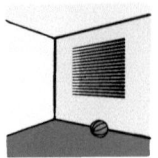

床
põrand

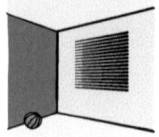

壁
sein

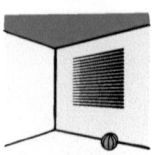

天井
lagi

地下貯蔵庫
kelder

サウナ
saun

バルコニー
rõdu

テラス
terrass

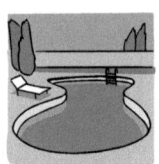

プール
bassein

芝刈り機
muruniiduk

シーツ
voodilina

ベッドカバー
päevatekk

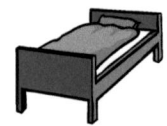

ベッド
voodi

ほうき
luud

バケツ
ämber

スイッチ
lüliti

リビングルーム
elutuba

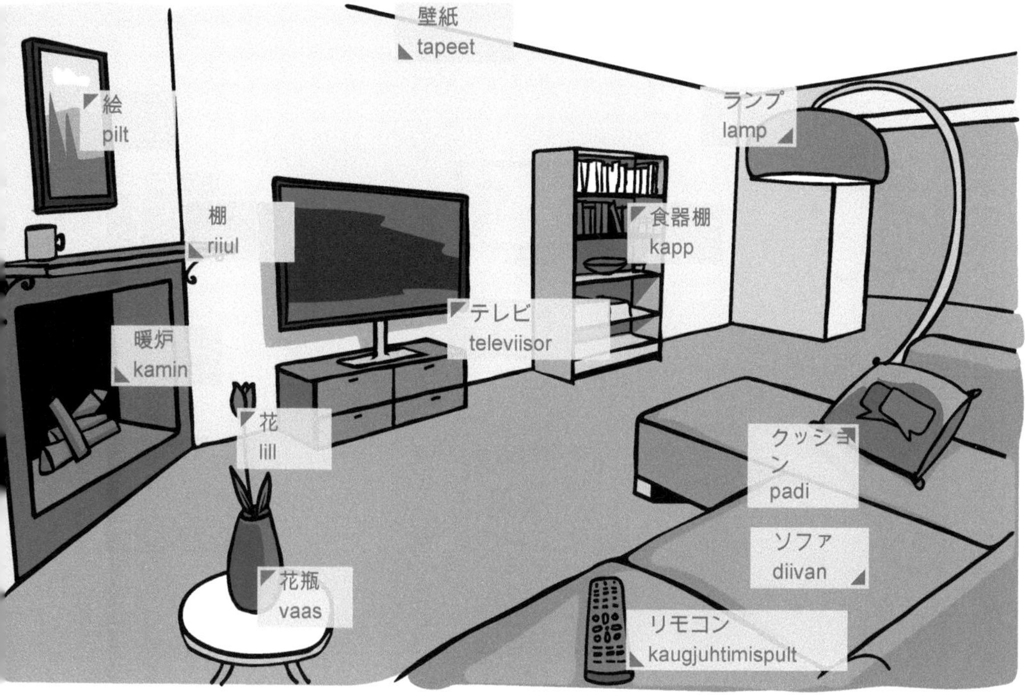

壁紙
tapeet
絵
pilt
ランプ
lamp
棚
riiul
食器棚
kapp
テレビ
televiisor
暖炉
kamin
花
lill
クッション
padi
ソファ
diivan
花瓶
vaas
リモコン
kaugjuhtimispult

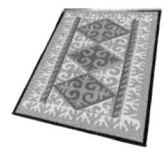

カーペット

vaip

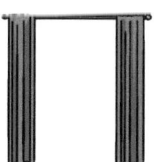

カーテン

kardin

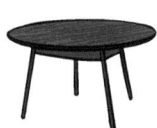

テーブル

laud

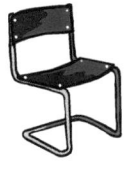

椅子

tool

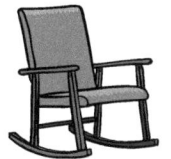

ロッキングチェア

kiiktool

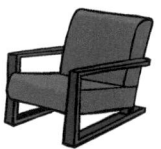

ひじ掛け椅子

tugitool

本
raamat

毛布
tekk

飾り
kaunistus

たきぎ
küttepuud

映画
film

ステレオ
helisüsteem

鍵
võti

新聞
ajaleht

絵画
maal

ポスター
plakat

ラジオ
raadio

メモ帳
märkmik

掃除機
tolmuimeja

サボテン
kaktus

ろうそく
küünal

台所

köök

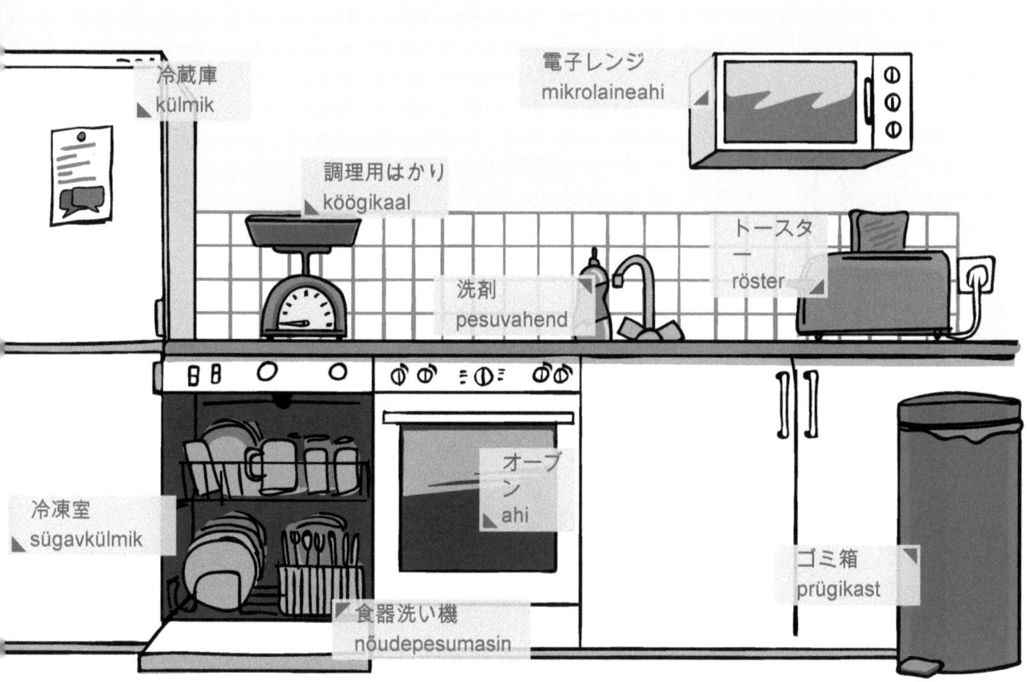

冷蔵庫
külmik
電子レンジ
mikrolaineahi
調理用はかり
köögikaal
トースター
röster
洗剤
pesuvahend
オーブン
ahi
冷凍室
sügavkülmik
ゴミ箱
prügikast
食器洗い機
nõudepesumasin

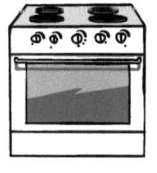

こんろ

pliit

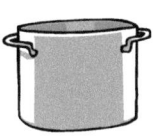

鍋

pott

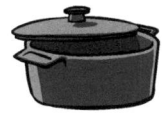

鉄鍋

malmpott

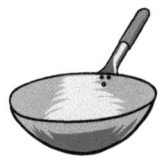

中華鍋/ カダイ鍋

vokkpann

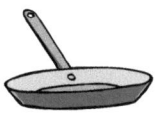

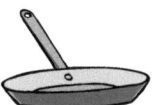

フライパン

pann

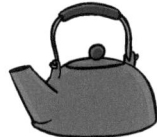

やかん

veekeetja

蒸し器

aurutaja

天板

küpsetusplaat

食器

lauanõud

マグカップ

kruus

ボウル

kauss

箸

söögipulgad

おたま

kulp

へら

pannilabidas

泡立て器

vispel

こし器

kurn

ふるい

sõel

すりおろし器

riiv

すり鉢

uhmer

バーベキュー

grill

かまど

lahtine tuli

まな板

lõikelaud

麺棒

tainarull

栓抜き

korgitser

缶

konservipurk

缶切り

konserviavaja

鍋つかみ

pajakinnas

流し

kraanikauss

ブラシ

hari

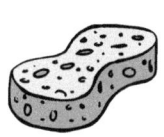

スポンジ

pesukäsn

ミキサー

kannmikser

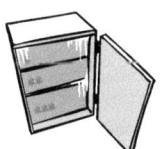

冷凍庫

sügavkülmuti

哺乳瓶

lutipudel

蛇口

segisti

浴室

vannituba

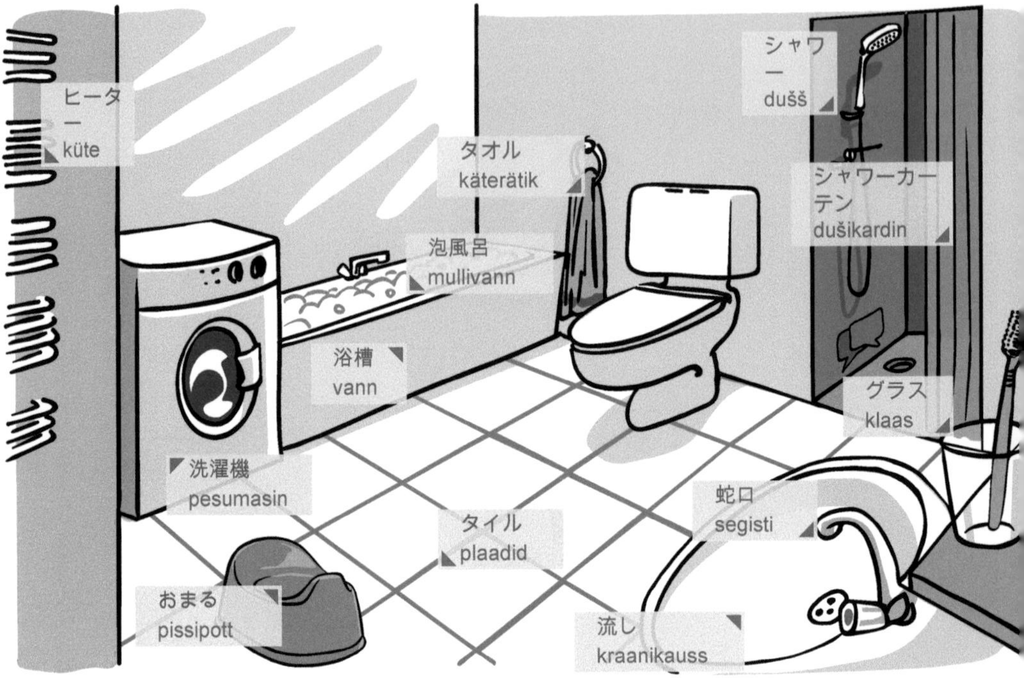

ヒーター
küte
タオル
käterätik
シャワー
dušš
シャワーカーテン
dušikardin
泡風呂
mullivann
浴槽
vann
洗濯機
pesumasin
グラス
klaas
蛇口
segisti
タイル
plaadid
おまる
pissipott
流し
kraanikauss

トイレ

WC-pott

和式トイレ

kükitamistualett

ビデ

bidee

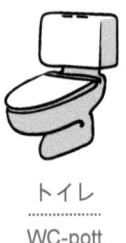

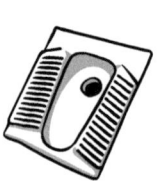

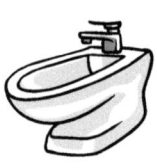

小便器

pissuaar

トイレットペーパー

tualettpaber

トイレブラシ

WC-hari

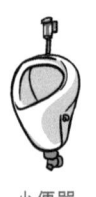

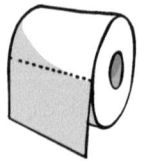

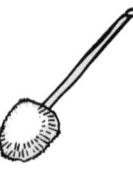

歯ブラシ

hambahari

歯みがき

hambapasta

デンタルフロス

hambaniit

洗う

pesema

シャワーヘッド

käsidušš

ハンドビデ

intiimdušš

洗面台

pesukauss

ボディブラシ

seljahari

石鹸

seep

シャワー用ジェル

dušigeel

シャンプー

šampoon

浴用タオル

vamm

排水口

äravool

クリーム

kreem

消臭

deodorant

鏡
peegel

手鏡
käsipeegel

かみそり
habemenuga

シェービング・フォーム
raseerimisvaht

アフターシェーブローショ
ン
habemevesi

櫛
kamm

ブラシ
hari

ドライヤー
föön

ヘアスプレー
juukselakk

化粧
meigikomplekt

口紅
huulepulk

マニキュア
küünelakk

脱脂綿
vatt

爪切り
küünekäärid

香水
parfüüm

洗面用具入れ

tualett-tarvete kott

スツール

taburet

体重計

kaal

バスローブ

hommikumantel

ゴム手袋

kummikindad

タンポン

tampoon

生理用ナプキン

hügieeniside

ケミカルトイレ

keemiline tualett

子供部屋

lastetuba

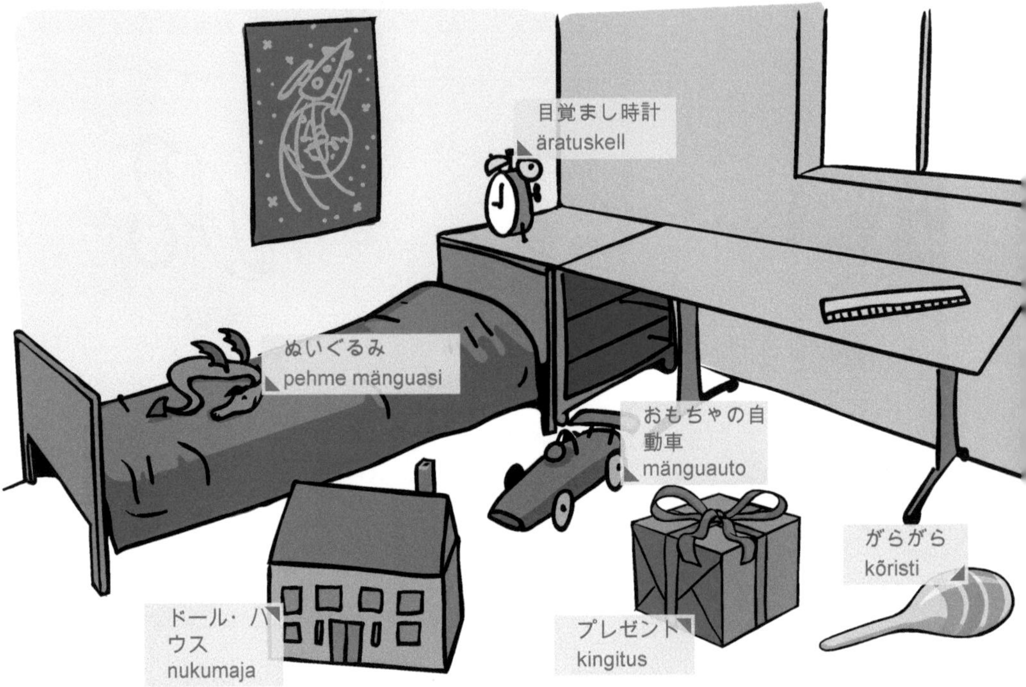
目覚まし時計
äratuskell
ぬいぐるみ
pehme mänguasi
おもちゃの自動車
mänguauto
がらがら
kõristi
ドール・ハウス
nukumaja
プレゼント
kingitus

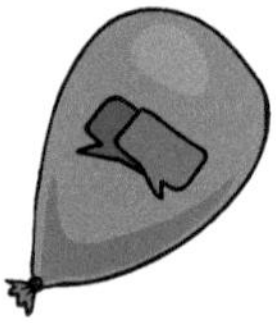

風船

õhupall

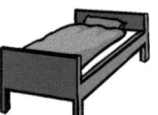

ベッド

voodi

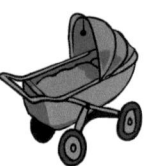

ベビーカー

lapsevanker

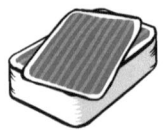

カードゲーム

kaardipakk

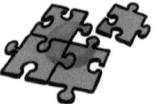

ジグソーパズル

pusle

漫画

koomiks

レゴ

Lego klotsid

玩具ブロック

klotsid

アクションフィギュア

kujuke

ロンパース

siputuspüksid

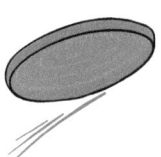

フリスビー

lendav taldrik

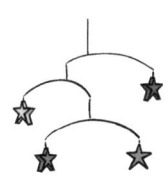

モバイル

voodikarussell

ボードゲーム

lauamäng

さいころ

täringud

鉄道模型

mudelrong

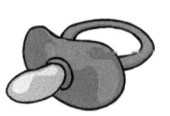

おしゃぶり

lutt

パーティー

pidu

絵本

pildiraamat

ボール

pall

人形

nukk

遊ぶ

mängima

砂場
liivakast

ブランコ
kiik

おもちゃ
mänguasjad

ゲーム機
mängukonsool

三輪車
kolmerattaline jalgratas

テディベア
mängukaru

衣装ダンス
riidekapp

衣服
riietus

靴下
sokid

ストッキング
sukad

タイツ
sukkpüksid

スカーフ
sall

ベルト
vöö

雨傘
vihmavari

Tシャツ
T-särk

ブーツ
saapad

スリッパ
sussid

スニーカー
tossud

サンダル
sandaalid

靴
jalatsid

ゴム長靴
kummikud

パンツ
aluspüksid

ブラ
rinnahoidja

ベスト
vest

衣服 - riietus

45

ボディースーツ

bodi

ズボン

püksid

ジーンズ

teksapüksid

スカート

seelik

ブラウス

pluus

シャツ

särk

セーター

sviiter

パーカー

dressipluus

ブレザー

bleiser

ジャケット

jakk

コート

mantel

レインコート

vihmamantel

服装

kostüüm

ドレス

kleit

ウェディングドレス

pulmakleit

スーツ
ülikond

ナイトガウン
öösärk

パジャマ
pidžaama

サリー
sari

ヘッドスカーフ
pearätt

ターバン
turban

ブルカ
burka

カフタン
kaftan

アバヤ
abayah

水着
ujumistrikoo

トランクス
ujumispüksid

半ズボン
lühikesed püksid

スウェットスーツ
dressid

エプロン
põll

手袋
kindad

ボタン

nööp

メガネ

prillid

ブレスレット

käevõru

ネックレス

kaelakee

指輪

sõrmus

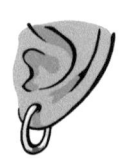

イヤリング

kõrvarõngas

帽子

nokamüts

ハンガー

riidepuu

帽子

kaabu

ネクタイ

lips

ファスナー

tõmblukk

ヘルメット

kiiver

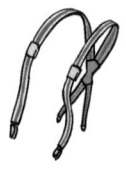

サスペンダー

traksid

制服

koolivorm

ユニフォーム

vormirõivad

よだれかけ

pudipõll

おしゃぶり

lutt

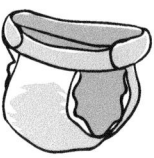

おむつ

mähe

オフィス
kontor

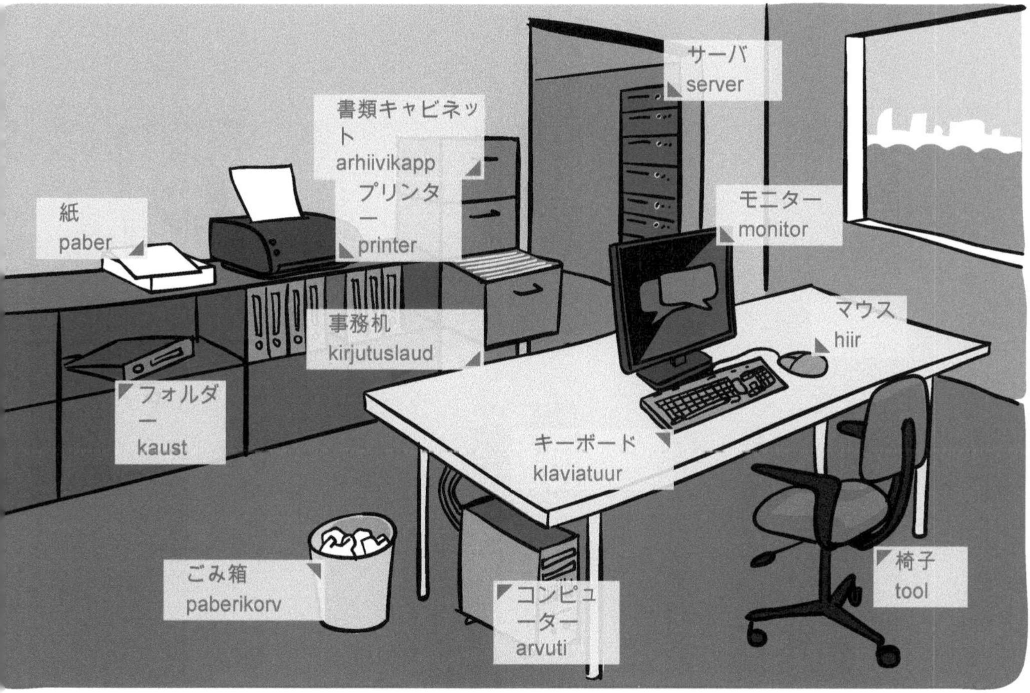

サーバ
server

書類キャビネット
arhiivikapp

プリンター
printer

紙
paber

モニター
monitor

事務机
kirjutuslaud

マウス
hiir

フォルダー
kaust

キーボード
klaviatuur

ごみ箱
paberikorv

コンピューター
arvuti

椅子
tool

コーヒーマグ

kohvikruus

計算機

kalkulaator

インターネット

internet

ラップトップ
sülearvuti

手紙
kiri

メッセージ
sõnum

携帯電話
mobiiltelefon

ネットワーク
võrk

コピー機
koopiamasin

ソフトウェア
tarkvara

電話
telefon

コンセント
pistikupesa

ファックス
faksimasin

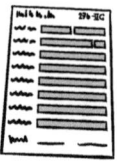

フォーム
vorm

書類
dokument

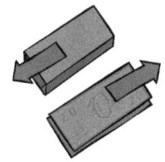

買う
ostma

支払う
maksma

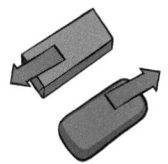

取引する
vahetama

お金
raha

ドル
dollar

ユーロ
euro

円
jeen

ルーブル
rubla

スイスフラン
Šveitsi frank

人民元
renminbi jüaan

ルピー
ruupia

キャッシュポイント
sularahaautomaat

両替所

valuutavahetuspunkt

金

kuld

銀

hõbe

油

nafta

エネルギー

energia

価格

hind

契約

leping

税金

maks

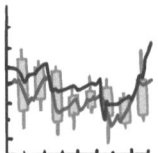

株

aktsia

働く

töötama

従業員

töötaja

雇用主

tööandja

工場

tehas

ショップ

kauplus

職業

ametid

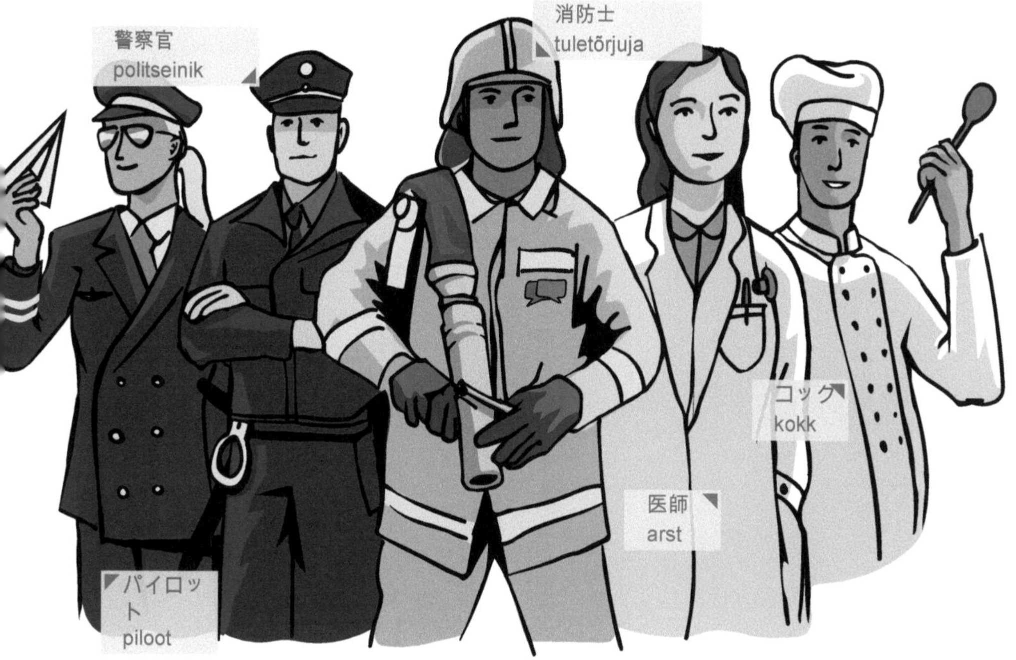

警察官
politseinik
消防士
tuletõrjuja
コック
kokk
医師
arst
パイロット
piloot

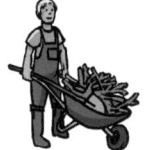

庭師

aednik

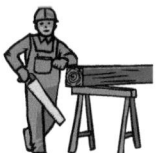

大工

puusepp

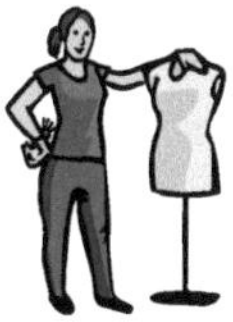

お針子

õmbleja

裁判官

kohtunik

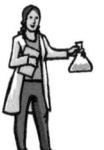

化学者

keemik

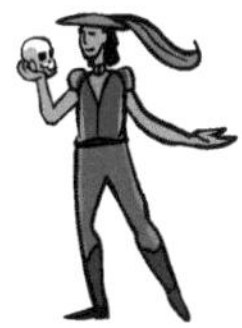

俳優

näitleja

バスの運転手

bussijuht

タクシー運転手

taksojuht

漁師

kalamees

掃除婦

koristaja

屋根ふき職人

katusepaigaldaja

ウェイター

kelner

ハンター

jahimees

塗装工

maaler

パン屋

pagar

電気工

elektrik

建設作業員

ehitaja

エンジニア

insener

肉屋

lihunik

配管工

torumees

郵便配達人

postiljon

軍人
sõdur

建築家
arhitekt

レジ係
kassapidaja

花屋
lillemüüja

美容師
juuksur

車掌
piletikontrolör

機械工
mehaanik

キャプテン
kapten

歯科医
hambaarst

科学者
teadlane

ラビ
rabi

イスラム導師
imaam

修道士
munk

牧師
preester

道具
tööriistad

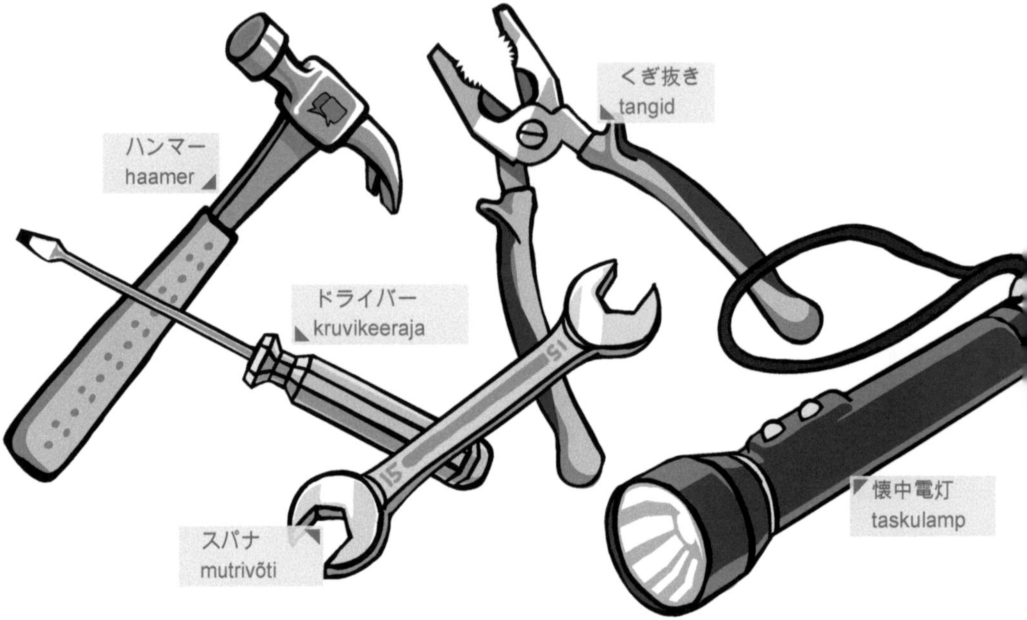
ハンマー
haamer
くぎ抜き
tangid
ドライバー
kruvikeeraja
スパナ
mutrivõti
懐中電灯
taskulamp

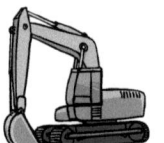

掘削機

ekskavaator

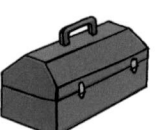

道具箱

tööriistakast

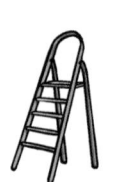

はしご

redel

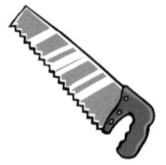

のこぎり

saag

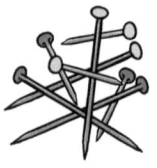

釘

naelad

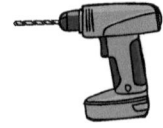

ドリル

trell

修理する
parandama

シャベル
labidas

クソ！
Põrgusse!

ちりとり
kühvel

ペンキ缶
värvipott

ネジ
kruvid

楽器

pillid

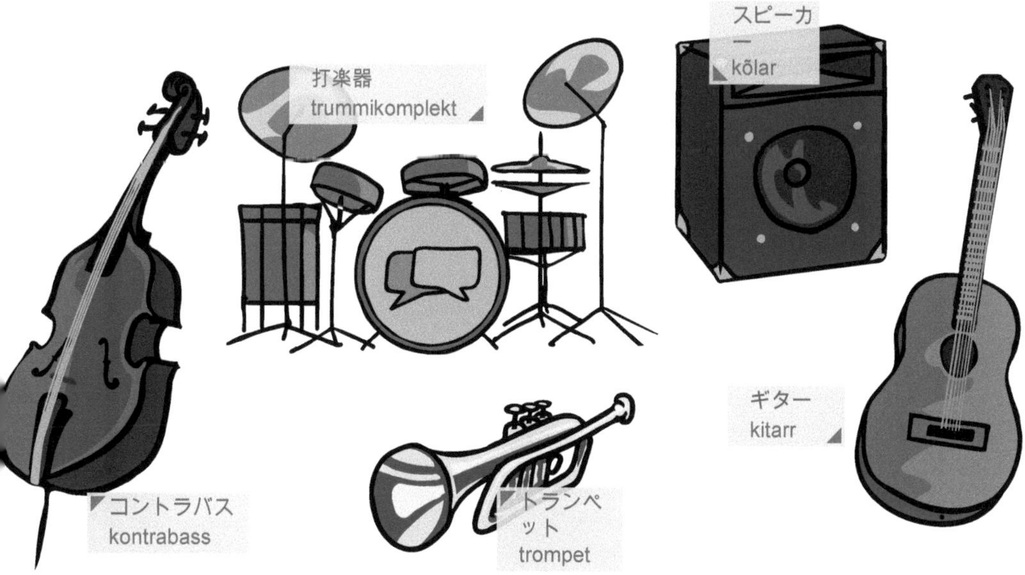

スピーカ
ー
kõlar

打楽器
trummikomplekt

ギター
kitarr

コントラバス
kontrabass

トランペ
ット
trompet

ピアノ

klaver

バイオリン

viiul

バス

bass

ティンパニ

timpan

ドラム

trummid

キーボード

süntesaator

サックス

saksofon

フルート

flööt

マイクロフォン

mikrofon

動物園

loomaaed

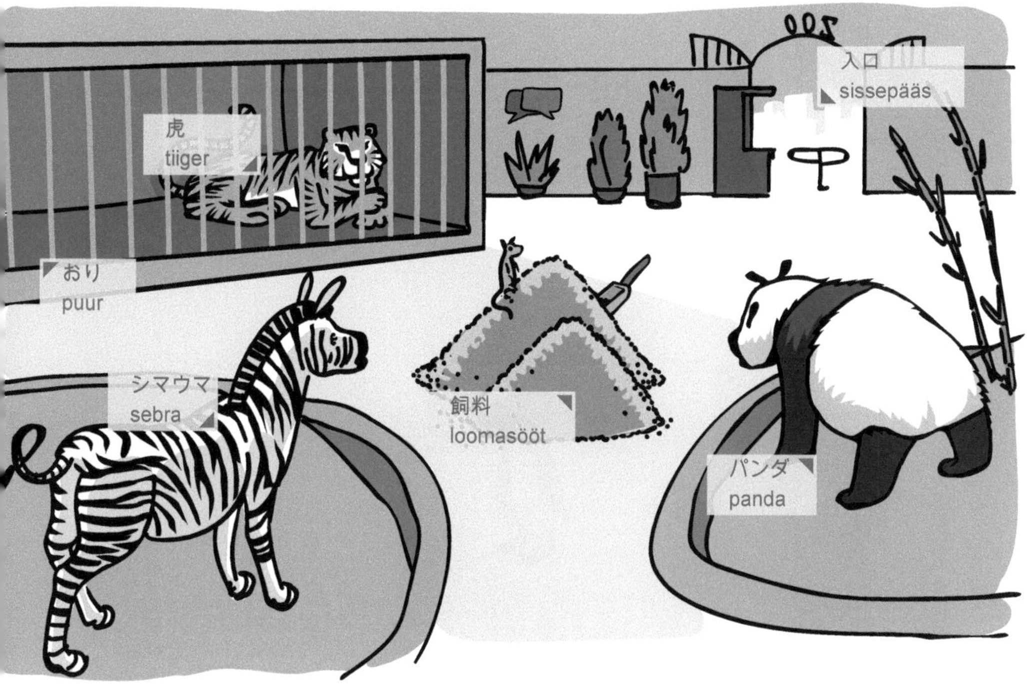

虎
tiiger
入口
sissepääs
おり
puur
シマウマ
sebra
飼料
loomasööt
パンダ
panda

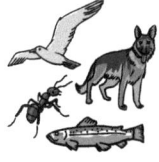

動物
loomad

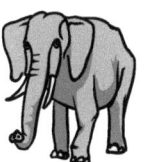

象
elevant

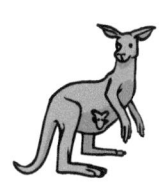

カンガルー
känguru

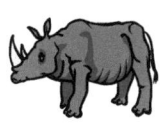

サイ
ninasarvik

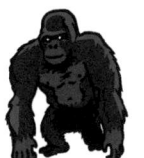

ゴリラ
gorilla

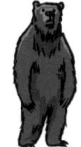

熊
karu

ラクダ

kaamel

ダチョウ

jaanalind

ライオン

lõvi

猿

ahv

フラミンゴ

flamingo

オウム

papagoi

白クマ

jääkaru

ペンギン

pingviin

サメ

hai

クジャク

paabulind

蛇

madu

ワニ

krokodill

飼育係

loomaaiatalitaja

アザラシ

hüljes

ジャガー

jaaguar

ポニー
....
poni

ヒョウ
....
leopard

カバ
....
jõehobu

キリン
....
kaelkirjak

鷲
....
kotkas

雄豚
....
metssiga

魚
....
kala

亀
....
kilpkonn

セイウチ
....
morsk

狐
....
rebane

ガゼル
....
gasell

アメフト
Ameerika jalgpall

サイクリング
jalgrattasõit

テニス
tennis

バスケット
ボール
korvpall

水泳
ujumine

ボクシング
poksimine

アイスホッケー
jäähoki

サッカー
jalgpall

バドミントン
sulgpall

陸上競技
kergejõustik

ハンドボール
käsipall

スキー
suusatamine

ポロ
polo

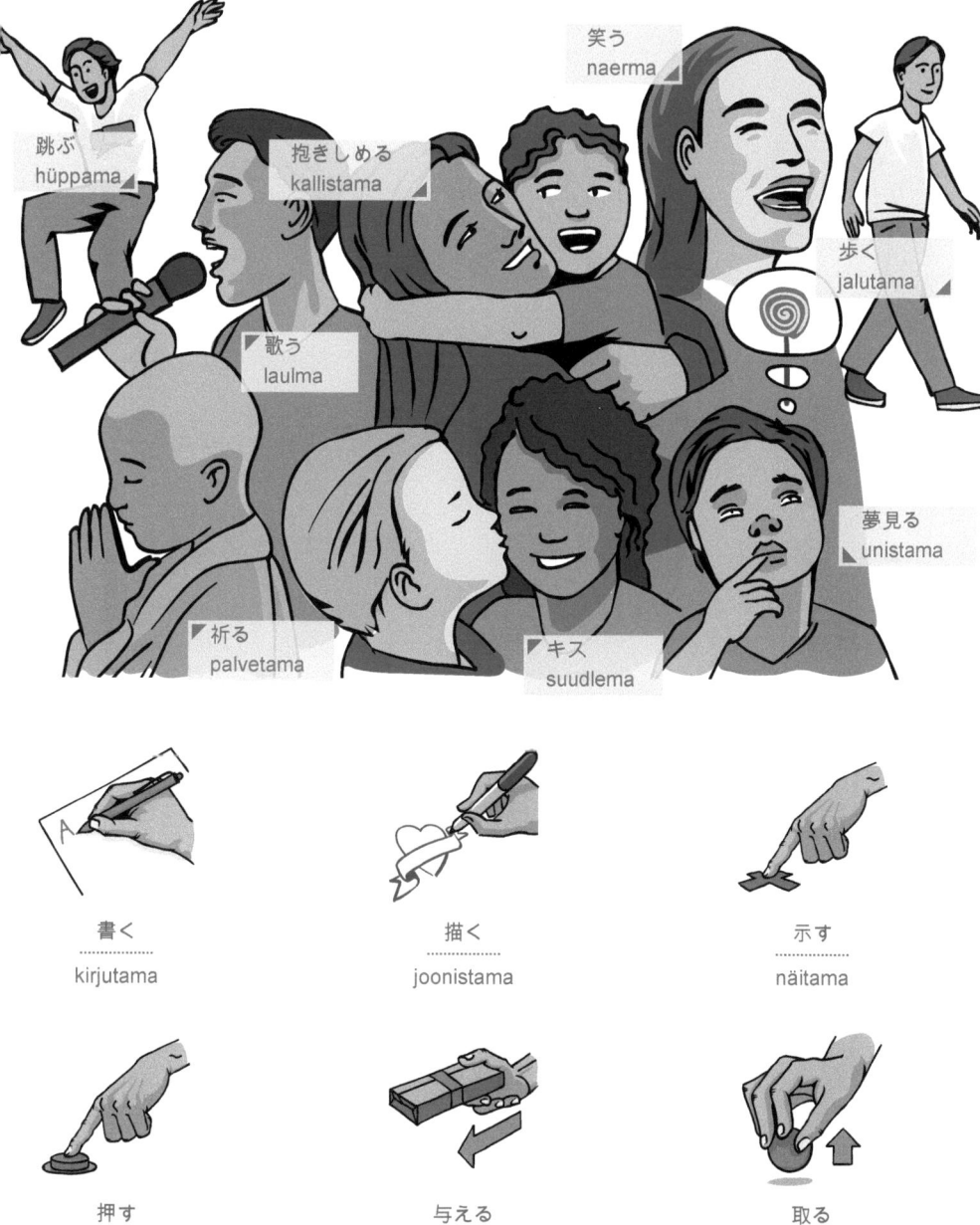

跳ぶ
hüppama

抱きしめる
kallistama

笑う
naerma

歩く
jalutama

歌う
laulma

夢見る
unistama

祈る
palvetama

キス
suudlema

書く
kirjutama

描く
joonistama

示す
näitama

押す
lükkama

与える
andma

取る
võtma

持っている
omama

する
tegema

ある
olema

立つ
seisma

走る
jooksma

引く
tõmbama

投げる
viskama

落ちる
kukkuma

横たわっている
lamama

待つ
ootama

運ぶ
kandma

座る
istuma

着る
riidesse panema

眠る
magama

目が覚める
ärkama

見る
vaatama

泣く
nutma

なでる
paitama

櫛ですく
kammima

話す
rääkima

理解する
aru saama

質問する
küsima

聞く
kuulama

飲む
jooma

食べる
sööma

片づける
korrastama

愛する
armastama

料理する
süüa tegema

運転する
sõitma

飛ぶ
lendama

ヨットに乗る

purjetama

計算する

arvutama

読む

lugema

学ぶ

õppima

働く

töötama

結婚する

abielluma

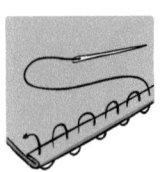

縫う

õmblema

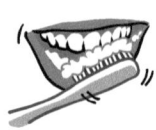

歯を磨く

hambaid pesema

殺す

tapma

喫煙する

suitsetama

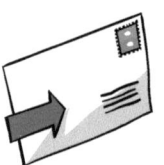

送る

saatma

祖母
vanaema

赤ん坊
imik

祖父
vanaisa

母
ema

父
isa

娘
tütar

息子
poeg

お客様
külaline

おば
tädi

おじ
onu

兄弟
vend

姉妹
õde

体

keha

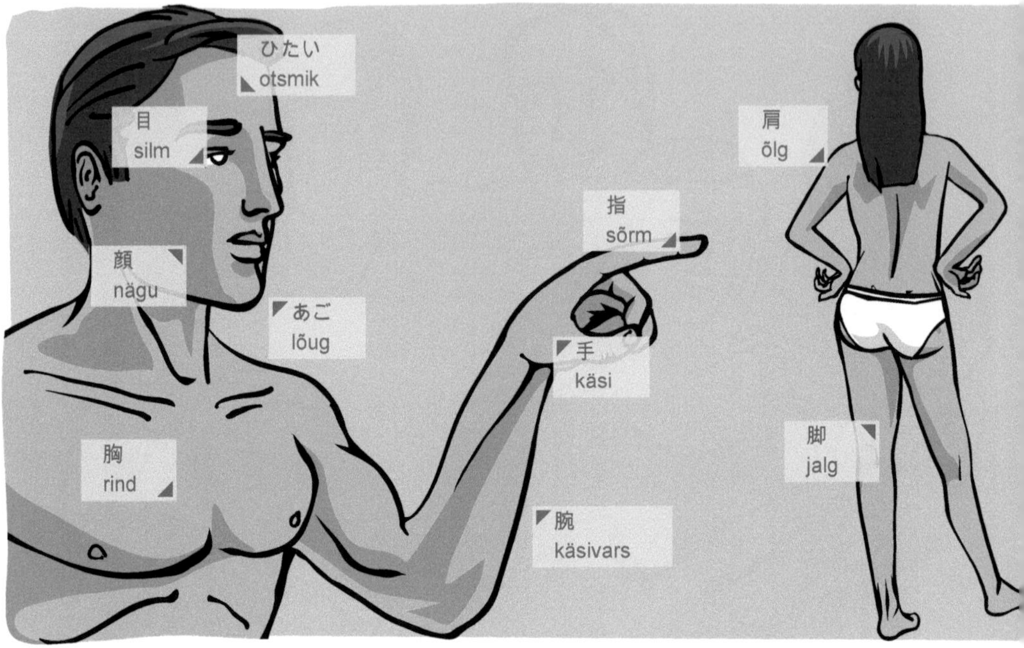

ひたい
otsmik

目
silm

肩
õlg

指
sõrm

顔
nägu

あご
lõug

手
käsi

胸
rind

脚
jalg

腕
käsivars

赤ん坊

imik

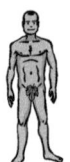

男性

mees

女性

naine

少女

tüdruk

少年

poiss

頭

pea

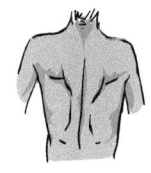

背中
selg

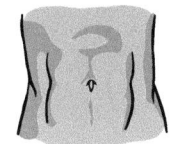

腹
kõht

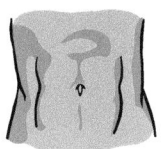

へそ
naba

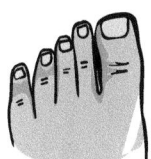

足指
varvas

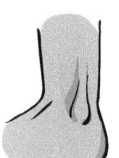

かかと
kand

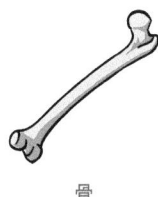

骨
luu

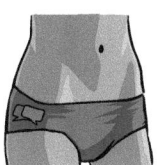

腰
puus

ひざ
põlv

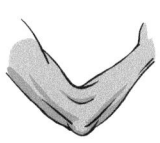

ひじ
küünarnukk

鼻
nina

尻
tagumik

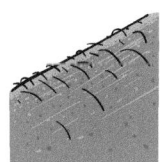

皮膚
nahk

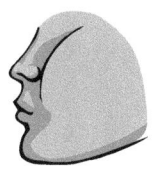

頬
põsk

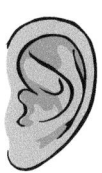

耳
kõrv

唇
huuled

口
suu

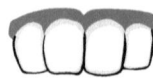

歯
hammas

舌
keel

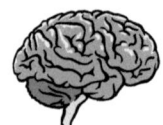

脳
aju

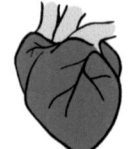

心臓
süda

筋肉
lihas

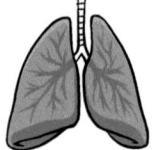

肺
kops

肝臓
maks

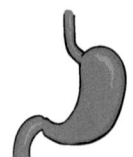

胃
magu

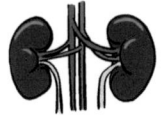

腎臓
neerud

セックス
seksuaalvahekord

コンドーム
kondoom

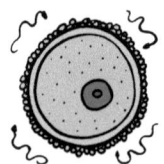

卵細胞
munarakk

精液
sperma

妊娠
rasedus

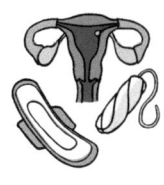

月経

menstruatsioon

膣

vagiina

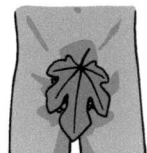

ペニス

peenis

眉

kulm

髪

juuksed

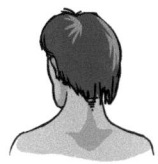

首

kael

病院

haigla

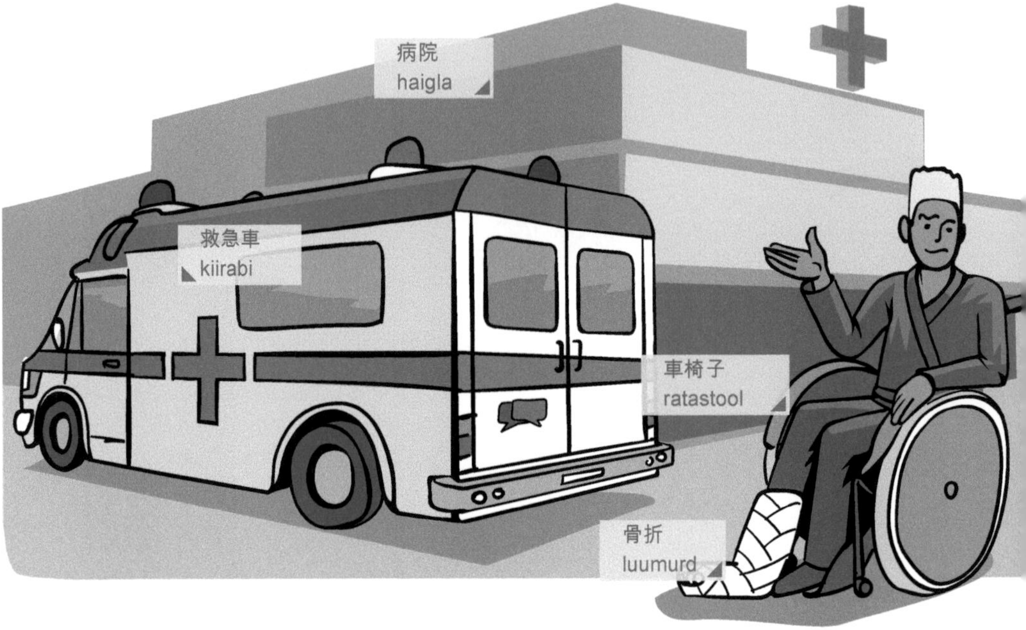

病院
haigla
救急車
kiirabi
車椅子
ratastool
骨折
luumurd

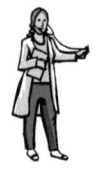

医師

arst

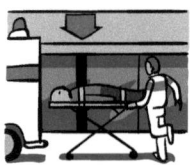

救急治療室

traumapunkt

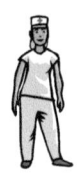

看護師

meditsiiniõde

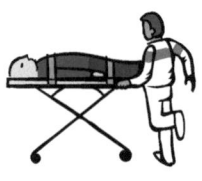

救急

hädaolukord

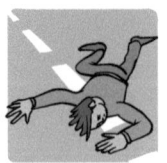

失神

teadvuseta

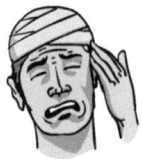

痛み

valu

けが

vigastus

出血

verejooks

心臓発作

südamerabandus

脳卒中

insult

アレルギー

allergia

咳

köha

熱

palavik

インフルエンザ

gripp

下痢

kõhulahtisus

頭痛

peavalu

癌

vähk

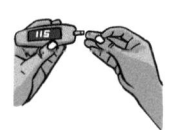

糖尿病

diabeet

外科医

kirurg

外科用メス

skalpell

手術

operatsioon

CT
KT

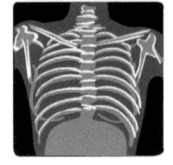

レントゲン
röntgen

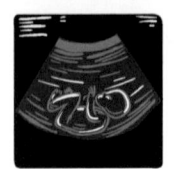

超音波
ultraheli

マスク
mask

病気
haigus

待合室
ooteruum

松葉づえ
kark

ばんそうこう
kips

包帯
side

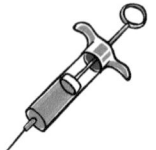

注射
süst

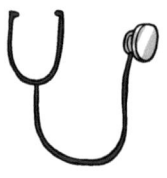

聴診器
stetoskoop

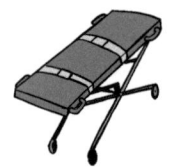

担架
kanderaam

体温計
kraadiklaas

出産
sünd

肥満
ülekaaluline

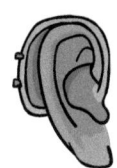

補聴器
kuuldeaparaat

消毒剤
desinfektsioonivahend

感染
põletik

ウイルス
viirus

HIV / エイズ
HIV / AIDS

内服薬
meditsiin

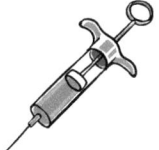

予防接種
vaktsineerimine

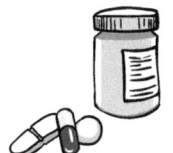

錠剤
tabletid

ピル
pill

緊急電話
hädaabikõne

血圧計
vererõhuaparaat

病気の / 健康な
haige / terve

助けて！

Appi!

アラーム

häire

暴行

kallaletung

攻撃

rünnak

危険

oht

非常口

avariiväljapääs

火事だ！

Tulekahju!

消火器

tulekustuti

事故

õnnetus

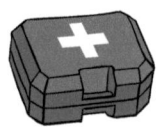

救急箱

esmaabikomplekt

SOS

SOS

警察

politsei

ヨーロッパ

Euroopa

北米

Põhja-Ameerika

南米

Lõuna-Ameerika

アフリカ

Aafrika

アジア

Aasia

オーストラリア

Austraalia

大西洋

Atlandi ookean

太平洋

Vaikne ookean

インド洋

India ookean

南極海

Lõuna-Jäämeri

北極海

Põhja-Jäämeri

北極

põhjapoolus

南極
lõunapoolus

南極大陸
Antarktika

地球
Maa

陸
maismaa

海
meri

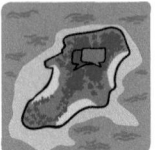

島
saar

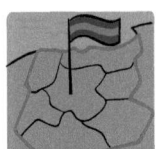

国家
rahvus

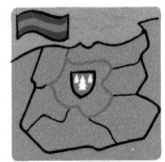

国家
riik

文字盤

sihverplaat

短針

tunniosuti

長針

minutiosuti

秒針

sekundiosuti

何時ですか？

Mis kell on?

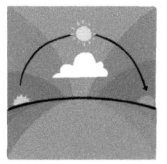

日

päev

時間

aeg

現在

praegu

デジタル時計

digitaalne kell

分

minut

時間

tund

週
nädal

月曜 esmaspäev
MO

水曜 kolmapäev
W

金曜 reede
FR

TU

TH

SA

火曜 teisipäev

土曜 laupäev

SO

木曜 neljapäev

日曜 pühapäev

昨日
eile

今日
täna

明日
homme

朝
hommik

昼
lõuna

夜
õhtu

営業日
tööpäevad

週末
nädalavahetus

雨
▶ vihm

虹
▶ vikerkaar

雪
lumi

風
tuul

春
kevad

秋
sügis

夏
suvi

冬
talv

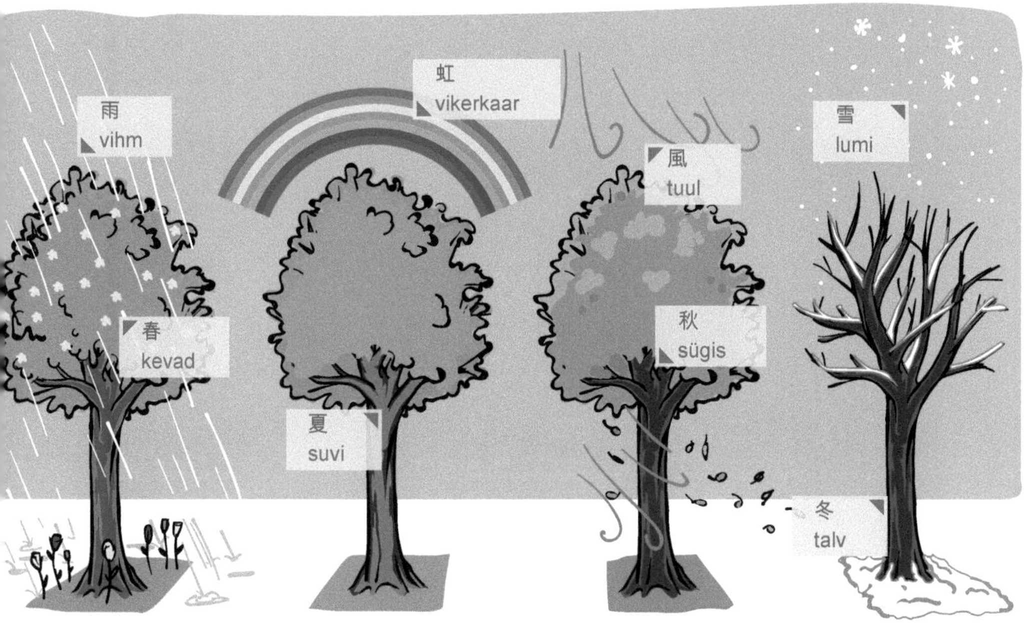

天気予報

ilmaennustus

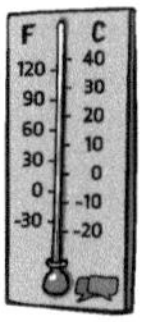

温度計

termomeeter

日差し

päikesepaiste

雲

pilv

霧

udu

湿度

niiskus

雷
....
pikne

雷
....
kõu

嵐
....
torm

ひょう
....
rahe

季節風
....
mussoon

洪水
....
üleujutus

氷
....
jää

1月
....
jaanuar

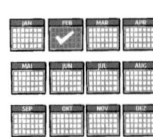

2月
....
veebruar

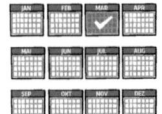

3月
....
märts

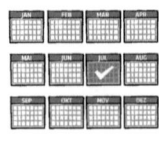

4月
....
aprill

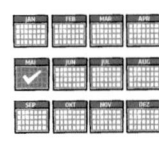

5月
....
mai

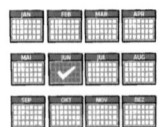

6月
....
juuni

7月
....
juuli

8月
....
august

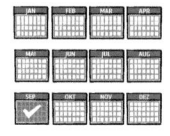

9月
....
september

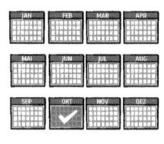

10月
....
oktoober

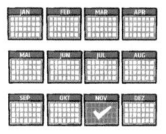

11月
....
november

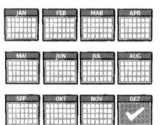

12月
....
detsember

形

kujundid

円
....
ring

正方形
....
ruut

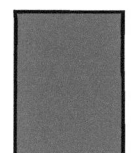

長方形
....
nelinurk

三角
....
kolmnurk

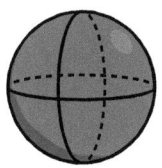

球
....
kera

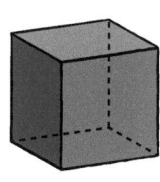

立方体
....
kuup

värvid

白
....
valge

黄
....
kollane

オレンジ
....
oranž

ピンク
....
roosa

赤
....
punane

紫
....
lilla

青
....
sinine

緑
....
roheline

茶
....
pruun

灰色
....
hall

黒
....
must

多い / 少ない

palju / vähe

怒っている /
落ち着いている
vihane / rahulik

美しい / 醜い

ilus / inetu

初め / 終わり

algus / lõpp

大きい / 小さい

suur / väike

明るい / 暗い

hele / tume

兄弟 / 姉妹

vend / õde

清潔な / 汚い

puhas / must

完全な / 不完全な

täielik / puudulik

日中 / 夜

päev / öö

死んだ / 生きている

surnud / elus

幅広い / 狭い

lai / kitsas

食べられる　/
食べられない
söödav / mittesöödav

悪意のある　/　親切な
kuri / sõbralik

興奮している　/
退屈じている
põnevil / tüdinud

太った　/　痩せた
paks / peenike

最初に　/　最後に
esimene / viimane

友人　/　敵
sõber / vaenlane

いっぱいの　/　空の
täis / tühi

硬い　/　柔らかい
kõva / pehme

重い　/　軽い
raske / kerge

空腹　/　喉の渇き
nälg / janu

病気の　/　健康な
haige / terve

違法な　/　合法な
ebaseaduslik / seaduslik

賢い　/　愚かな
tark / rumal

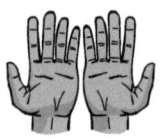

左に　/　右に
vasak / parem

近い　/　遠い
lähedal / kaugel

新しい　/　中古の

uus / kasutatud

何もない　/　何かある

mitte midagi / midagi

老いた　/　若い

vana / noor

オン　/　オフ

sees / väljas

開いている　/
閉まっている

lahti / kinni

静かな　/　うるさい

vaikne / vali

裕福な　/　貧乏な

rikas / vaene

正しい　/間違っている

õige / vale

粗い　/なめらか

kare / sile

悲しい　/　幸せな

kurb / rõõmus

短い　/　長い

lühike / pikk

ゆっくり　/　速い

aeglane / kiire

濡れた　/　乾いた

märg / kuiv

温かい　/　冷たい

soe / jahe

戦争　/　平和

sõda / rahu

反対　-　vastandid

0

ゼロ

null

1

1

üks

2

2

kaks

3

3

kolm

4

4

neli

5

5

viis

6

6

kuus

7

7

seitse

8

8

kaheksa

9

9

üheksa

10

10

kümme

11

11

üksteist

12

12

kaksteist

13

13

kolmteist

14

14

neliteist

15

15

viisteist

16

16

kuusteist

17

17

seitseteist

18

18

kaheksateist

19

19

üheksateist

20

20

kakskümmend

100

100

sada

1.000

1000

tuhat

1.000.000

100万

miljon

英語

inglise

アメリカ英語

Ameerika inglise

中国標準語

mandariini

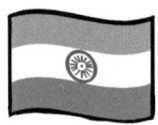

ヒンディー語

hindi

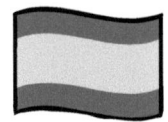

スペイン語

hispaania

フランス語

prantsuse

アラビア語

araabia

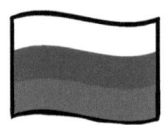

ロシア語

vene

ポルトガル語

portugali

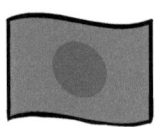

ベンガル語

bengali

ドイツ語

saksa

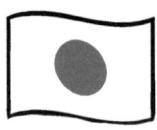

日本語

jaapani

私

mina

あなた

sina

彼 / 彼女 / それ

tema

私たち

meie

あなたたち

teie

彼ら

nemad

誰？

kes?

何？

mis?

どうやって？

kuidas?

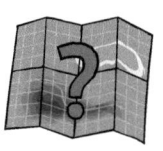

どこ？

kus?

いつ？

millal?

名前

nimi

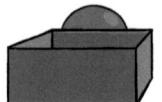

後ろ

taga

中

sees

前

ees

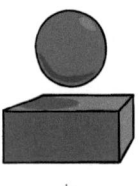

上

kohal

上

peal

下

all

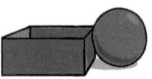

横

kõrval

間

vahel

場所

koht